# FAUSSE ROUTE

Les Écrits des Forges ont été fondés par Gatien Lapointe en 1971 avec la collaboration de l'Université du Québec à Trois-Rivières.

Pour la publication de ses livres et pour conduire les poètes québécois à « ... *parler sur la place du monde* », l'éditeur Écrits des Forges bénéficie de l'appui financier du Conseil des Arts du Canada, de la Société de développement des entreprises culturelles du Québec (gestion SODEC) et du gouvernement du Canada par l'entremise du Programme d'aide au développement de l'industrie de l'édition (PADIÉ) du ministère du Patrimoine canadien.

ASSOCIATION NATIONALE DES ÉDITEURS DE LIVRES  L'éditeur Écrits des Forges est membre de l'ANEL.

**Illustration :**

**Photographie de l'auteur :**

Dépôt légal : deuxième trimestre 2009
Bibliothèque et Archives nationales du Québec
Bibliothèque nationale du Canada
ISBN : Écrits des Forges : 978-2-89645-118-0

**Distribution au Canada**

En librairie :
Diffusion Prologue
1650, boul. Lionel-Bertrand
Boisbriand (Québec) J7H 1N7
Courrier électronique : prologue@prologue.ca

**Distribution en Europe**

**Écrits des Forges**

6, avenue Édouard-Vaillant
93500, Pantin, France
Courrier électronique : ecritsdesforges@gmail.com
Site Internet : www.ecritsdesforges.com

# JANIE HANDFIELD

## FAUSSE ROUTE

**Écrits des Forges**
992-A rue Royale, Trois-Rivières, (Québec) Canada G9A 4H9

*Avant hier, ce matin, tantôt*
*La déroute des passions est venue bien près*
*De me faire disparaître*
*Ce sont des choses qui arrivent*

Yves Boisvert
*Aimez-moi*

# La vitesse tue

## 1.

je vois en alternance
dans la nuance et le noir
dans l'éclair et le mouvement
un salon rouge faiblement éclairé
une chambre aux murs nus
un ruban de soie qui traverse le corps

## 2.

je vois une poitrine secouée par de vifs sentiments
une forêt à traverser à pied
une vie compliquée
où
la panique prend toute la place

**3.**

dans assez de temps et de lumière
je vois des après-midi à ne pas savoir quoi faire
à errer
à sentir à l'avance
comme le chien
le tremblement de terre
je vois un malaise
un mensonge reprisé au fil noir

**4.**

je vois
dans la couleur découpée
deux sacs de plastique
remplis de vêtements
achetés en solde
pour plaire
je vois une intimité brisée
rouée de coups
une nuit sur le patio

**5.**

je vois
dans de courts moments
dans un instant
et sous la peau
le mauvais sang
qui coule

**6.**

je vois des images
qui font les histoires
j'ai
depuis
mangé les détails
et grugé les contours

# À l'aveuglette

## 1.

tu marches sur le bord du canal
dans cette bizarre de nuit
les mains dans les poches
tu fais les cent pas
tu te lasses
et prends un taxi

## 2.

tu marches dans le tunnel corrosif de la nuit
en souhaitant rencontrer quelque chose qui vive
dans ta poitrine
un gramophone crache des insultes
tu aperçois la lumière d'un réverbère
tu t'accroches à cette idée

## 3.

l'apparence subtile de mai
la fine membrane de tes yeux
sur le trottoir
ton pas banal
fait vibrer
doucement
l'esplanade

**4.**

trois heures du matin
la lumière artificielle assure le service
l'horizon coule le long de ta colonne

## 5.

tu vois loin
sur la feuille de tôle qui longe le pont
tu glisses tes doigts
tu regardes l'eau qui coule en dessous

**6.**

tu vois ce lundi qui s'achève
et le néon brisé du dépanneur
tu marches dans le centre-ville
quelques maisons
tu t'arrêtes devant la plus petite
la plus défraîchie

## 7.

tu grimpes sur la galerie
tu entends le craquement
et avances

**8.**

à travers la fenêtre
tu vois une femme
le coude appuyé sur le bord de la table
dans sa main droite
son menton
et dans la gauche
le verre qu'elle étrangle

## 9.

sur le bord du chemin
tu cueilles un bouquet de fougères
tu l'écraseras peut-être au matin
sur la poitrine de la fille
endormie dans ton lit

## 10.

tu frappes aux portes de l'église
puis tu t'assois
fatigué
tu te revois
enfant
tenant
entre tes doigts
un petit bout de cierge blanc

## 11.

tu penses
tu te souviens de tes problèmes de comportement
de tes pantalons troués
de ta mère qui chantait *L'eau vive*
qui t'aimait quand même

## 12.

tu voudrais que quelqu'un
qu'un passant
trace sur le ciment
une flèche à la craie

## 13.

tu marches dignement
le pommeau de ta canne bien serré dans la main
fier de tes effets
au milieu de la nuit

## 14.

tu te fais des promesses impossibles à tenir
tu ignores la mauvaise foi
mais des soucis coulent dans tes veines

## 15.

c'est une question de quelques heures
à peine
tu seras fidèle au poste demain
le geste
tout de même
un peu plus lourd

## 16.

tu allonges la jambe
car la route est longue
tu siffles
entre tes lèvres
un air d'enfant

## 17.

il y a dans tes yeux des pensées tranchantes
des idées très claires
malgré l'absence de couleur

## 18.

tu formes à toi seul un cortège
chaque nuit
tu ne fais pas de bruit
de mon balcon moi
je te vois

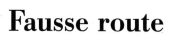

# Fausse route

## 1.

sur le bord de la route
des bêtes mortes
frappées
des ratons-laveurs
des chiens de prairie
fondent sous la pluie
elles marquent les kilomètres
les bêtes mortes sur la route
me disent où j'en suis

## 2.

le temps est lourd
j'ai au-dessus de la tête un ciel changeant
j'ouvre la radio
je syntonise
je m'impatiente
et chaque municipalité m'accueille à sa façon
une rocaille
un écriteau
une promesse

**3.**

je roule
j'imagine ta journée
ton avant-midi par exemple
l'heure à laquelle tu t'es levé
la couverture glissant sur ton épaule
as-tu pris ton café seul dans la cuisine
ou au resto du quartier?
à qui as-tu parlé?

## 4.

c'est le temps des graminées
une femme a garé la voiture sur l'accotement
elle coupe quelques tiges
peut-être pour les faire sécher
les suspendre dans le sous-sol
pendant quelques semaines

comme ça
pour s'occuper
ses enfants n'ont plus vraiment besoin d'elle

**5.**

un autobus scolaire devant moi
je ne voudrais pas que le chauffeur ait un malaise
qu'il soit pris de panique
paralysé par la douleur
je ne voudrais pas qu'il perde le contrôle et
qu'il frappe de plein fouet
la caravane qui roule dans l'autre voie
je ne voudrais pas entendre le bruit de l'accident

### 6.

je ne voudrais pas fermer les yeux
m'endormir
qu'un cauchemar me réveille
et que l'image de l'œil fou d'un cheval reste en moi

## 7.

je ne voudrais pas que tu marches seul
pendant des heures
parce qu'un mal de vivre t'aurais touché
sans m'avertir
je ne voudrais pas que tu fasses corps avec la nuit
que tu avances et que tu entres
dans des endroits où les plafonds de stucco
tombent en flocons sur la tête
des clients engourdis

je ne voudrais pas que tu reviennes en laissant
derrière toi
l'odeur d'un ciel indécis

que tu reviennes vers l'appartement
d'un pas traînant
vêtu d'une longue cape
je ne voudrais pas que tu donnes la chance
à un passant
de prendre un bout du tissu entre ses doigts
de t'étouffer

je ne voudrais pas sentir sur ton corps
des odeurs de rose à cinq dollars
d'orage
des odeurs d'astres endormies
des parfums de brouillard
de néon

## 8.

je vois de tout sur la chaussée
des essieux
des bouts de pneus
un soulier
je vois de ces oiseaux aux ailes tatouées
d'un orange presque trop vif

## 9.

tellement de bêtes
d'animaux morts
de chaque côté

un autre raton-laveur
j'ai dû rouler sur lui
les roues sur la chair
sous mon pied gauche
j'ai senti le choc

## 10.

la route me parle
ce n'est pas la voiture qui bouge
c'est elle
qui s'agite
elle crie
pour que le son traverse la tôle
le tapis
ma peau

**11.**

dans le rétroviseur
un ciel imposant
je ne voudrais pas avoir à fuir
à me battre
contre une météo dense
et bleutée

## 12.

je ne voudrais pas
que la route devienne le support
d'une fuite
que les couleurs se décomposent
qu'on me voie sur grand écran
(lunettes fumées et foulard sur les cheveux)
mes mains nerveuses sur le volant
moi star démodée
dans le blanc et le noir

## 13.

plus haut un deltaplane fend l'air
non
ce n'est pas un deltaplane
je devine
derrière la silhouette sanglée
un moteur
est-ce que l'homme ou la femme qui vole
voudrait comme moi que rien ne change ?

## 14.

la route est longue
le sentiment reste ferme

des ombres au loin
deviennent plus claires
plus nettes
des hommes et des femmes
jeunes
ils portent des dossards
qui sont-ils ?
des étudiants
une brigade verte peut-être

## 15.

j'ouvre la bouche et mange le chemin
il entre en moi à toute vitesse
le goudron le gravier m'emplissent le ventre
comme lorsque j'avais goûté à ce médicament
auquel je suis allergique
le docteur m'avait fait avaler un mélange chaud
et visqueux
pour que j'avoue tout

## 16.

le parc industriel
la technologie
ma mère qui déposait mon père
au coin de la rue
chaque matin
parce qu'alors
ils n'avaient encore
qu'une seule automobile

## 17.

je ne voudrais pas que de chaque côté
les terres deviennent sèches
et que des agriculteurs soupirent
en faisant glisser
entre leurs doigts
la terre

## 18.

je ne voudrais pas passer
devant cette croix plantée
et voir
dans assez de temps et de lumière
le bois mangé

## 19.

je ne voudrais pas apercevoir
des carcasses
des bêtes mortes
dans notre appartement
sur le lit
sur la table de la cuisine
sur ta poitrine lorsque tu t'allonges
parce qu'alors
j'aurais peur

## 20.

je vois la pancarte
la sortie
pour la ville
pour te rejoindre
j'arrive

# Nous trouver

**1.**

je reviens nous trouver
nous chercher sous le tapis
près de la table basse
sous le panier
sur la terrasse
je reviens nous chercher
dehors
nous sentir dans cette brise

## 2.

je fais dévier les rails
j'efface les lignes de la main
je déjoue les prophéties
je nous tiens solidement
pour que nous ne fassions pas fausse route

### 3.

je nous fais grâce
je m'assure que nos mains se joignent sans cesse
je ne voudrais pas que nous ayons à faire la guerre

## 4.

je reviens nous chercher
côté conducteur
côté passager
je revis
à l'inverse
le voyage

## 5.

je revois les musées
les artistes
les salles vides
je nous prends
je nous retiens
je nous mets à l'abri de toutes les forces

**6.**

je reviens sur mes pas
je ne nous abandonne pas
je travaille le sentiment
je crois
qu'à chaque quart d'heure
ça reviendra
je nous caresse
je nous rassure

## 7.

je nous fais danser plus fort
à tous les bals
à toutes les fêtes
je nous habille d'une gloire commune

## 8.

je te fais prendre conscience
de nos poignets ourlés de merveilleux
de nos parures
de nos bijoux
de nos corps pleins
nous avons tout

**9.**

je nous compose un visage ravi
je nous fais prendre l'air
je nous enveloppe d'un manteau de chance

## 10.

je tiens notre dignité
entre mes mâchoires
j'enroule des mèches de mes cheveux
autour de nous

## 11.

j'organise notre sommeil
j'attends patiemment
que nous recevions sur la nuque
un coup de noirceur

## 12.

je nous emmène
ici
dans un élan
entre la fin du sable
et le début de l'émoi

## 13.

je nous endors
l'après-midi
lorsque dans les rideaux de perles
les dessins de fleurs
se font et se défont

## 14.

dans ce mai qui s'allonge
sur la route qui s'étire
nous partageons tout
la canette de liqueur et le vent

## 16.

je nous fais marcher le long des trottoirs
au temps des festivals
je soulève un pan du chapiteau
pour que tu puisses voir
toi aussi
le spectacle

## 17.

au matin
je te recompose dans mes bras
je te rapatrie à moi
je te laisse peu de temps

## 18.

je voile ton regard de ma main
je trace sur nos fronts
le monde tel qu'il devrait être

## 19.

je libère nos poitrines
du poids d'une meule rude et sèche
je nous entraîne
jusqu'au bout de l'automne

# À l'avenir

## 1.

je continuerai de croiser
chaque jour
derrière la vitrine
le regard
d'une vieille femme
qui touche la caisse enregistreuse

## 2.

je regarderai le ciel rouge
découpé par les contours
de l'usine de pneus
je comprendrai que l'expérience
en cache une autre

**3.**

pendant que tu traduiras l'air du temps
je chanterai nos rêves
par-dessus la voix qui sort
du poste de radio

**4.**

je comprendrai
l'ampleur de l'émoi
et tu sentiras
glisser
sur le lobe de ton oreille
le sentiment

**5.**

j'écris court
mais souvent
pour connaître dans l'ivresse
le goût du mot *poème*
et te faire comprendre le détail de ma tendresse

## 6.

tu trouveras
dans les plis du tissu de ma robe
et bien après la danse
des émois qui t'atteindront
comme une contagion

## 7.

nous voudrons vivre des drames et des romances
pour qu'ils nous traversent
et qu'en marins modernes
ils nous transportent

## 8.

le doute continuera de faire planer
sur ta sensibilité
son large spectre
il s'ajustera aux moments de douleur
qui te font perdre tes heures d'homme

**9.**

nous continuerons de réfléchir
à l'étrangeté d'une musique
au texte qui taraude les sens

## 10.

nous continuerons de lutter
contre les changements
les époques
et la lumière

## 11.

nous aurons un pincement au cœur
lorsqu'on démolira
dans un seul temps
le vieux cinéma

### 12.

tu blanchiras les accords
à l'ombre du jour
tu t'étonneras encore
quand les paroles te mordront

## 13.

je ne tarderai pas
je t'attendrai à l'orée
un bouquet de fougères à la main
j'aurai toujours des intentions

## 14.

et même dans les mauvais jours
de vagues humeurs dans les cheveux
nous viendrons à bout de tout

## 15.

nous serons sensibles à certaines choses
dans l'éclat d'un moment
quand le cœur se retourne

## 16.

nous reviendrons parfois de loin
ruisselants de souvenirs
nous ferons en sorte
que le temps ne gruge pas l'ivresse

## 17.

il y a destin plus fragile que le nôtre
nous reprendrons à l'envers le chemin
en nous disant
que ça ira

JE REVIENS VOUS CHERCHER
CÔTÉ CONDUCTEUR
CÔTÉ PASSAGER
JE REVIS
À L'INVERSE
LE VOYAGE

# Table

Composé en Bodoni corps 12
cet ouvrage a été achevé d'imprimer
sur les presses de Marquis Imprimeur Inc.
pour le compte de l'éditeur
Écrits des Forges
en avril 2009.